Paul Leroy-Beaulieu

La Révolution
fiscale

essai

ISBN : 978-1539974239

10 9 8 7 6 5 4 3 2 1

Paul Leroy-Beaulieu

La Révolution fiscale

essai

Table de Matières

INTRODUCTION

C'est bien d'une Révolution qu'il s'agit. Un des principaux hommes d'Etat britanniques, lord Roseberry, ancien président d'un Cabinet libéral, n'a pas hésité à qualifier ainsi le projet de budget de M. Lloyd George. En France, l'impôt sur le revenu voté par la Chambre des députés et les droits de succession proposés au budget de 1910, par un ministre des Finances réputé, jadis, modéré, méritent la même qualification.

Les principes financiers établis par la Révolution française et qui ont dominé le XIXe siècle sont considérés comme caducs et abandonnés. La démocratie reprend à son compte le mot que le maréchal de Villeroy disait à Louis XV enfant : « Tout cela, sire, est à vous ! » Elle croit que, représentant ou censée représenter le peuple, tout lui appartient, qu'elle peut tout prendre, que les propriétés particulières, les successions n'existent que comme un don gratuit de sa part, toujours révocable, qu'elle se montre généreuse en en laissant quelque fraction aux intéressés. Elle tend à déplacer le poids de l'impôt pour en dégager de plus en plus la grande masse des citoyens et en écraser une élite réduite. L'argument irrésistible du ministre des Finances aujourd'hui, c'est que telle taxe ou telle surtaxe ne portera que sur un très petit nombre de contribuables : « Ils ne seront que 100 000 à en pâtir, ou même que 10 000 ; tous les autres seront exempts ; par conséquent la taxe ou la surtaxe est opportune et légitime : » voilà l'étrange langage qui, sur l'une et l'autre rive de la Manche, s'Etat e dans les projets de loi ou les discours ministériels. Et ceux qui parlent avec cet inconscient cynisme croient être d'honnêtes et prévoyants hommes d'Etat.

Cette Révolution fiscale, qui est en train de s'accomplir simultanément en Angleterre et en France et qui, par la puissance de l'imitation, gagne d'autres pays, ne s'est révélée sous son aspect brutal que dans les trois dernières années. Il y en a eu, toutefois, des prodromes, un peu plus lointains, quoique assez récents encore ; ça a été, en Angleterre, le vote en 1894 du tarif de droits progressifs élevés sur les successions, suivant la proposition de sir William Harcourt, alors chancelier de l'Echiquier dans un ministère libéral ; et ce fut peu après, en France, le vote, dans des conditions

Paul Leroy-Beaulieu

plus modérées, mais qui devaient conduire à de prompts entraînements, d'un tarif progressif pour les droits successoraux en 1901.

Ces brèches faites au principe de l'égalité des citoyens devant l'impôt ébranlèrent singulièrement le régime financier que les législa-
teurs de la fin du XVIIIe siècle et de tout le XIXe siècle avaient, avec
tant de soin et de succès, élaboré. Il n'est pas superflu de rappeler
ici les traits principaux de ce régime qui fournit aux Etats bien ad-
ministrés d'abondantes ressources, qui maintint la concorde entre
les citoyens et nui aida au prodigieux épanouissement de richesse
et à l'élévation de toutes les classes de la population dont le XIXe
siècle fut le témoin et le bénéficiaire.

I. — LES TRAITS CARACTÉRISTIQUES DU RÉGIME
FISCAL MODERNE

Le régime fiscal moderne, celui qui existait sans altération grave il
y a vingt ans et qui existe encore, à l'heure présente, dans l'ensemble,
quoique avec quelques regrettables altérations, en Angleterre et en
France, se recommande par les traits suivants : la complète égalité
des citoyens devant l'impôt, ce qui rend effective la célèbre formule qu'il n'y a d'impôt légitime que celui qui a été consenti par
le contribuable ; l'impôt réel et impersonnel, c'est-à-dire portant
sur les choses, sur les biens concrets, sans intrusion dans la vie du
contribuable, dans ses affaires, dans sa situation spéciale, dans ses
secrets ; le recours à des signes extérieurs, à des indices sagement
et prudemment choisis et interprétés, pour taxer les revenus qui ne
se dénoncent pas d'eux-mêmes ; l'emploi d'une partie des plus-values d'impôts et du produit des conversions de dettes publiques à
réduire graduellement les taxes les plus gênantes sur les consom-
mations générales.

Toute la pratique financière du XIXe siècle s'est inspirée de ces
principes. On était arrivé, en l'observant, dans l'Europe Occidentale
à avoir un régime financier souple et solide, excluant l'arbitraire,
largement productif, dont le rendement suivait de très près les progrès de la richesse publique et fournissait d'abondantes plus-values.

On peut dire qu'en France ce régime avait atteint un haut degré de perfection. Jusqu'en 1901, il n'avait pas subi d'altérations graves. Toutes les taxes directes étaient proportionnelles ; l'une d'elles, cependant, la contribution personnelle et mobilière, admettait, à la base, des exemptions ou des réductions, dans les grandes villes, pour les petits ou les modiques revenus, mais ce n'était pas là une infraction formelle à la règle de la proportionnalité de l'impôt. L'exemption des tout petits loyers, ceux au-dessous de 500 francs à Paris et les réductions aux loyers de 501 à 1 100 francs, ne portaient que sur la moindre partie de l'ensemble de la matière imposable ; ils étaient justifiés par les droits d'octroi qui, avant la réforme de 1897 dégrevant les boissons hygiéniques, étaient sensiblement plus lourds que depuis lors pour les petits contribuables ; c'était une compensation équitable. Au-dessus de 1 100 francs, c'est-à-dire pour de beaucoup la plus grande partie de la matière imposable,[1] la taxe était strictement proportionnelle.

On avait consenti, et cela avec une moindre raison, aux propriétaires parcellaires, en 1898, une immunité ou des réductions à l'impôt foncier sur les propriétés non bâties, exemptant de toute taxe pour l'Etat les cotes de 10 francs et au-dessous et accordant des remises de moitié ou d'un quart à celles de 10 à 20 francs et de 20 à 25 francs. Cette mesure, qui représente pour le Trésor un sacrifice annuel de 15 millions, témoignait du désir d'alléger de plus en plus la charge des petits contribuables.

Les critiques que l'on pouvait et que l'on peut encore adresser à notre système d'impôts directs ne portaient que sur deux points et pouvaient aisément recevoir satisfaction : 1° les bases de plusieurs de ces impôts étaient trop anciennes et n'avaient pas été l'objet des révisions périodiques décennales que la loi avait d'ailleurs prévues pour plusieurs et qui n'étaient faites régulièrement que pour la contribution des patentes. Nous avions réclamé avec insistance durant trente ans et nous avions fini par obtenir en 1893, pour l'impôt foncier sur la propriété bâtie, une révision nécessaire et qui se montra productive ; il eût fallu et il faudrait faire des révisions analogues pour l'impôt foncier sur la propriété non bâtie et pour la contribution mobilière qui est tenue au courant à Paris et dans diverses grandes villes, mais qui ne l'est pas dans les aggloméra-

---

1 Voyez la démonstration à ce sujet dans notre *Traité de la science des Finances*, 7ᵉ édition, t. Ier, p. 204.

Paul Leroy-Beaulieu

tions de moindre importance et surtout dans les campagnes. En appliquant, conformément à l'esprit de l'institution et à la lettre même de la loi, des révisions décennales, on enlèverait toute force à la première critique que suscitaient et que suscitent encore les contributions directes françaises.

La seconde critique qui leur était ou leur est adressée, c'est que certaines branches de revenu d'origine nouvelle ou de forme spéciale échappent à leur prise, ainsi qu'à l'impôt sur le revenu des valeurs mobilières. Là aussi le remède est tout indiqué ; c'est de créer quelques catégories nouvelles, ainsi qu'on l'a fait à différentes reprises, à la contribution des patentes, ou d'étendre l'impôt sur le revenu des valeurs mobilières à divers revenus qui n'y sont pas assujettis. Ces extensions peuvent se faire, non seulement sans révolution, mais sans perturbation.

Il serait aisé ainsi de donner à notre système d'impôts directs les compléments et les rectifications nécessaires, ce qui, sans arbitraire ni inquisition, en rehausserait le caractère de justice et en accroîtrait l'élasticité et la productivité.

Quant à notre système d'impôts indirects, il n'a cessé, depuis le milieu du XIXe siècle, d'être l'objet d'importantes atténuations. La généralité de ces taxes a été sensiblement réduite. Il suffit de mentionner les dégrèvements qui suivent : l'impôt sur le sucre, qui était de 54 francs par 100 kilogrammes avant 1860 et qui fut accru après la guerre de 1870-71, au point qu'il montait à plus de 73 francs en 1880, fut à diverses reprises abaissé depuis lors et ramené à 27 francs en 1903. On sait 1 énorme réduction des droits sur les boissons hygiéniques, le vin ne payant plus à Paris actuellement que 1 fr. 50 l'hectolitre depuis l'importante réforme de 1897, au lieu de 18 francs qu'il payait auparavant et même de 25 francs qui fut le montant du droit avant 1880. Dès le milieu du XIXe siècle, la taxe sur le sel avait été réduite de 30 centimes à 10 centimes le kilogramme et elle ne représente plus que 0 fr. 75 par tête. La taxe sur les transports de voyageurs en chemins de fer a été réduite d'environ moitié, avec une combinaison qui abaissa d'une manière particulière les prix des places en troisième classe. Enfin, c'est bien un dégrèvement populaire aussi que l'abaissement de la taxe postale à 0 fr. 10, ce qui fait que les postes, comme nous l'avons démontré bien des fois, si l'on se livre à une analyse exacte, ne rapportent plus rien à l'Etat et que ce service est fait par lui à prix coûtant.

Il s'est ainsi accompli, depuis le milieu du siècle dernier, et plus particulièrement depuis 1880, un effort soutenu pour réduire de plus en plus les impôts de consommation dans l'intérêt de la catégorie la plus nombreuse des contribuables.

Le régime financier actuel en Franco ne conserve que deux impôts indirects très productifs, et ils frappent des denrées, dont l'une est manifestement nuisible à l'individu et à la société, et dont l'autre soulève des contestations au point de vue de l'hygiène et n'a en tout cas aucun caractère de nécessité. Ce sont les droits sur l'alcool et sur le tabac, qui produisent au Trésor, l'un 340 millions environ et l'autre 400 millions nets, défalcation faite des frais de fabrication. L'on ne saurait critiquer ni l'une ni l'autre de ces taxes, qui sont justifiées par le caractère de superfluité et même, pour l'une tout au moins, de nocuité de la denrée taxée et qui devraient être maintenues, alors même que les besoins du Trésor ne seraient pas si pressants.

Le Français, qui ne boit pas d'alcool et ne fume pas, n'apporte qu'un tribut des plus légers aux contributions indirectes. On peut, sans doute, invoquer les droits de douane, à l'importation, dont le produit oscille autour de 450 millions de francs. Mais, d'une part, ces droits ne sont pas établis uniquement dans un dessein fiscal ; ils le sont aussi, et parfois surtout, en vertu d'un système économique que nous n'avons pas à examiner ici et qui prétend protéger le travail et par conséquent les travailleurs du pays ; et, d'autre part, depuis que la France, aidée surtout de ses deux colonies méditerranéennes, l'Algérie et la Tunisie, produit largement son approvisionnement de blé, les droits de douane ne frappent ou, du moins, n'atteignent aucun objet de stricte nécessité, et le blé, actuellement, ne subit, de leur chef, aucun renchérissement La situation de la population française est, à ce point de vue, très différente de celle de la population allemande ou de la population italienne qui, incapables de produire sur leur sol leur propre nourriture, voient l'alimentation populaire considérablement renchérie par les taxes douanières.

Il ressort de ce rapide exposé que les vives attaques élevées, au point de vue de l'équité, contre le régime fiscal de la France, sont surannées ; elles sont des réminiscences d'un état de choses très ancien et qui a disparu. Nous dressions, il y a déjà un quart de siècle, avec des documents précis en main, un tableau comparatif des impôts payés à Paris même par un ménage d'ouvriers et par un ménage opulent ; il ressortait de ce rapprochement que le second payait à l'Etat, au département et à la Ville, presque le double de ce que payait le premier.[1] Ce tableau a été souvent cité à la tribune du Parlement ; il n'a été l'objet d'aucune contestation sérieuse. A plus forte raison, aujourd'hui que les droits sur le sucre ont été réduits de moitié, que les droits sur les boissons hygiéniques à Paris ont été abaissés de plus des neuf dixièmes, que la taxe postale a été diminuée d'un tiers, pour ne parler que des réductions les plus connues, est-il certain que la prétendue surcharge d'impôts pour les classes peu fortunées est un préjugé qui a ses racines dans un état social disparu. Il suffirait, par des opérations aisées, de mettre deux de nos contributions directes complètement au courant de certains faits nouveaux, pour que notre régime financier dût être considéré comme se rapprochant, autant que la complexité de la vie sociale moderne le permet, de la perfection.

Cette perfection fiscale, l'Angleterre du troisième quart du XIXe siècle se flattait de l'avoir atteinte. Avant la fâcheuse guerre de l'Afrique du Sud et avant la rivalité allemande pour la marine, le budget britannique apparaissait comme singulièrement simple, libéral et productif. On avait graduellement supprimé la plupart des impôts indirects et des droits de douane, qui avaient été, les premiers du moins, plus touffus en Angleterre, dans la première moitié du XIXe siècle, qu'en aucun autre pays. Il suffit de se reporter à un document financier anglais vieux de dix ou quinze ans. Tous les impôts indirects intérieurs avaient été abolis, à l'exception de ceux sur les spiritueux, sur la bière et sur la chicorée. L'impôt sur le sucre notamment n'existait plus. Quant aux droits de douane, ils ne portaient que sur une quinzaine d'articles ; les voici tous : le cacao, le café, la chicorée, les fruits secs (raisins de Corinthe, figues et pruneaux,) le thé, le tabac, le vin, la bière, le chloroforme, le collodion, l'éther et les objets dans la fabrication desquels entrait l'alcool, enfin les cartes à jouer pour tenir compte du droit

---

1 Ce tableau a paru dans la préface de la troisième édition (1883) de notre *Traité de la science des Finances* et il a été reproduit dans les éditions postérieures.

I. — LES TRAITS CARACTÉRISTIQUES DU RÉGIME FISCAL MODERNE

de timbre sur le même article d'origine britannique. Voilà toute la nomenclature des droits de douane anglais en l'année 1893.[1] On voit que l'Angleterre avait presque réalisé le programme connu sous l'étiquette : « la table libre de toute taxe. » Il restait, à la vérité, les droits sur la bière, très modiques d'ailleurs, et sur quelques rares denrées coloniales.

Les taxes directes britanniques étaient, elles aussi, singulièrement légères. La principale, c'était l'*Income tax* ou impôt sur le revenu ; on sait qu'il est cédulaire, c'est-à-dire ne porte que sur les différentes sources de revenu, sans totalisation ; celle-ci peut être réclamée, toutefois, par le contribuable qui désire profiter de l'immunité complète accordée aux très petits revenus et des réductions consenties aux revenus moyens : l'immunité alors existait pour tous les revenus au-dessous de 150 livres sterling (3 750 fr.) ; elle a été portée depuis lors à 160 livres (4 000 fr.) ; quant aux réductions (*abatements*), elles étaient accordées alors aux revenus de 150 livres à 400 livres (10 000 fr.) ; elles ont été, depuis lors, considérablement élargies et s'appliquent maintenant aux revenus inférieurs à 700 livres (17 500 fr.).

Cet impôt britannique sur le revenu, jusqu'à un temps assez récent, était, d'ailleurs, singulièrement modique : pendant les cinq années écoulées de 1889 à 1893, il fut uniformément de 6 pence par livre, soit de 2,45 pour 100 en chiffres ronds ; en 1894, il fut porté à 7 pence, soit 2,85 pour 100 environ. Ajoutons pour compléter le tableau que les droits de succession, très, divers alors et archaïques, grevaient, tous réunis, de 7 583 000 livres ou de 190 millions de francs la transmission des héritages, dont le montant était évalué à plus de 5 milliards 500 millions de francs ; le droit moyen, en ligne directe et en ligne collatérale réunis, était donc au-dessous de 3 et demi pour 100, perception assez notable, mais non écrasante. Tel était le régime financier de l'Angleterre pendant la période que l'on peut appeler gladstonienne. C'était une sorte de paradis fiscal. L'importance des taxes locales, toujours très élevées dans la Grande-Bretagne et reposant presque uniquement sur la propriété foncière, jetait seule une ombre sur ce brillant tableau ; elles s'élevaient alors à 715 millions de francs environ (28 508 770

---

1 Voyez le *Statistical Abstract for the United Kingdom in each of the last fifteen years from 1879 to 1893*, p. 26 et 27.

Paul Leroy-Beaulieu

livres en 1892). Mais c'était un chiffre relativement modeste si on le rapproche du niveau atteint depuis.

En définitive, l'homme riche ou aisé, durant cette ère gladstonienne, qui fut la plus brillante de la Grande-Bretagne, n'avait à acquitter que des taxes très modérées ; quant à l'ouvrier, il ne payait quasi rien ; il profitait de tout ce magnifique développement économique, sans y contribuer par aucun sacrifice sérieux. Un membre important et notable du parti libéral, qui fut ministre, M. Fawcett, faisait remarquer que l'absence pour eux d'impôts directs et la suppression de presque tous les impôts indirects, sauf ceux sur l'alcool et le tabac, faisaient que les ouvriers tempérants n'avaient aucun impôt à payer, qu'ils ne contribuaient en rien ou presque en rien aux charges publiques et que c'était là, chez un peuple libre et à suffrage étendu, un spectacle démoralisant, pouvant comporter des entraînements aux dépenses injustifiées.

Cette réflexion est très juste. Il est permis de penser que, dans cette période qu'on peut presque aujourd'hui regarder comme idyllique, l'Angleterre eût agi sagement en conservant, à des taux très modérés, quelques taxes indirectes sur les denrées qui ne sont pas de toute première nécessité, sur le sucre par exemple, d'autant que, n'étant pas productrice de cette denrée, elle perçoit aisément, presque sans frais, un impôt de ce genre à la douane. Cela eût maintenu, dans la Grande-Bretagne, ce qui est nécessaire en tout pays, des taxes de peu de produit immédiat, mais en quelque sorte d'attente, en vue d'éventualités qui peuvent toujours se présenter chez les nations modernes, même les plus pacifiques et les mieux conduites. Son système fiscal en eût eu plus d'élasticité et de puissance virtuelle.

II. — LES CAUSES RÉELLES ET PRÉTENDUES DES DÉPENSES NOUVELLES

Ces éventualités sont survenues à partir de l'ouverture du XXe siècle ; elles se sont présentées sous deux formes : un accroissement soudain et notable des dépenses militaires, notamment des dépenses maritimes ; puis, une catégorie de dépenses nouvelles, imprévues pour nos pères, inimaginées, et qui, si l'on n'y met ordre, arrêteront, par leur excès même, l'essor national : les dépenses dites sociales.

On a invoqué ces deux catégories, l'une d'augmentation, l'autre d'ouverture de crédits nouveaux, pour justifier la taxation révolutionnaire et spoliatrice qu'on est en train d'édifier en France et en Angleterre. Cette excuse ou ces circonstances atténuantes ne peuvent aucunement être admises par un observateur sérieux.

Il faut réfléchir, en effet, que si deux causes nouvelles de considérables dépenses de l'État ont surgi, il s'est présenté, d'autre part, comme compensations, deux causes puissantes, l'une d'accroissement de recettes, l'autre de réduction de dépenses. La première, ce sont les plus-values constantes d'impôts dues à l'essor même de la richesse publique. Ces plus-values qui, en certaines années, ont atteint ou dépassé en France 100 millions de francs, fournissaient une dotation plus que suffisante pour les extensions ou les améliorations utiles des services publics. L'autre cause bienfaisante, véritable aubaine pour les budgets des grands et vieux peuples endettés, ç'a été la baisse sensible du taux de l'intérêt, permettant d'emprunter à des conditions meilleures, de substituer des emprunts nouveaux moins coûteux aux emprunts anciens, ce qui constitue le mécanisme si efficace des conversions de dettes publiques. L'Angleterre y a toujours recouru avec décision dès le XVIIIe siècle ; la France, après quelques tâtonnements et quelques hésitations, s'est décidée aussi à en faire un usage régulier et continu, toutes les fois que l'occasion s'en présente. Il en est résulté, dans les temps récents, pour la Grande-Bretagne, les deux conversions successives des Consolidés Britanniques de 3 pour 100 en 2 3/4 en 1888 et en 2 1/2 en 1903, et pour la France les conversions successives en 1883, en 1894 et en 1902, des emprunts 5 pour 100 émis au lendemain de la guerre de 1870-71, aujourd'hui réduits en fonds 2 pour 100, ce qui, avec quelques autres opérations analogues secondaires, a procuré au budget français une économie annuelle de 136 millions.

Les finances françaises profitèrent encore dans les quinze dernières années d'une autre aubaine considérable qui eût dû les mettre à l'aise et les rendre solides. L'essor des recettes des chemins de fer, grâce au progrès de la richesse publique, fit disparaître quasi complètement le lourd fardeau des garanties d'intérêts aux grandes

Compagnies de chemins de fer, lesquelles, en 1893, avaient coûté au Trésor français 93 millions, et permit même des participations du Trésor aux bénéfices de l'une des Compagnies, celle de Lyon, et des reversements par plusieurs autres, celles d'Orléans, de l'Est et du Midi, départie des sommes avancées du chef de la garantie ; c'est de plus de 100 millions par an que le Trésor se vit ainsi soit allégé, soit enrichi, par le seul développement du trafic des voies ferrées et, en y joignant le bénéfice des conversions de dettes, le bénéfice annuel pour lui ressort à 240 millions au moins.

Ainsi, l'Etat, s'il voyait ses dépenses s'accroître, bénéficiait aussi de ressources nouvelles, considérables : une administration vigilante coordonnée eût dû faire aisément face aux premières avec les secondes.

Les dépenses nouvelles, que l'on invoque pour la justification ou l'excuse des déficits et des nouveaux impôts écrasants, n'ont, de leur côté, atteint le chiffre auquel elles s'élèvent aujourd'hui que par la légèreté ou les entraînements des gouvernements et des parlements anglais et français.

Le gouvernement allemand est en partie, sans doute, responsable des exigences croissantes du budget de la marine ainsi que du budget nouveau des œuvres sociales : mais s'il a provoqué, dans ces deux directions, chez les peuples voisins ou rivaux, des dépenses considérables, il leur a donné aussi, même à ce sujet, des leçons de bon ordre qu'ils ont eu le tort de ne pas suivre. Dans son rapport général sur le budget de 1910, M. Doumer signale que le budget de la marine allemand monte à 504 millions de francs, le budget de la marine anglais à 886 millions et le budget de la marine français à 371 millions en 1910, — contre, pour celui-ci, 320 millions en 1908, — et cela, en ce qui nous concerne, « sans la mise en chantier d'aucune grosse unité nouvelle pour renforcer notre flotte ou simplement pour remplacer les unités vieillies, d'une valeur militaire insuffisante, qui ont été récemment condamnées ou qui méritent de l'être. » N'est-il pas évident que, si notre administration de la marine avait été, depuis un quart de siècle, vigilante et ordonnée, si elle n'avait pas été confiée à des hommes notoirement incompétents et négligents, si, par une basse servilité démagogique, on n'avait pas laissé nos arsenaux tomber dans l'anarchie, notre marine ne serait pas dans le délabrement où elle se trouve et que, avec

II. — LES CAUSES RÉELLES ET PRÉTENDUES DES DÉPENSES NOUVELLES quelques dizaines de millions de dotation de moins, uniquement destinées aujourd'hui à réparer en partie les fautes du passé, elle serait dans un état plus digne de la France ?

Nous croyons que l'Allemagne, atteinte depuis dix ans de la mégalomanie navale, ne pourra pas développer davantage, comme elle en annonçait l'intention, son programme de constructions à outrance ; elle sera arrêtée par la résistance de la population aux impôts nouveaux, et par les succès électoraux des socialistes, vers lesquels se tournent, à titre de protestation, beaucoup plus que par conviction doctrinale, tous les mécontents. Le refus du vote d'impôts nouveaux, l'élection de candidats le plus nettement hostiles au gouvernement, ce sont les deux seuls procédés qu'ait un peuple pour arrêter les folies gouvernementales ; ce sont les doux freins légitimes et nécessaires ; les Allemands en usent avec raison ; il serait à désirer que les Français et les Anglais se missent à y recourir également.

L'Allemagne a inventé la politique sociale ; elle l'a fait, il y a un quart de siècle ; tous les peuples maintenant prétendent l'imiter ; mais ils l'imitent fort mal. Toute réserve faite sur le principe de ses assurances sociales obligatoires, on doit reconnaître que l'Allemagne a apporté un admirable esprit d'ordre et de mesure dans la création et le fonctionnement de ces organismes. Voilà un quart de siècle qu'ils fonctionnent, car ils datent de 1883 et de 1884. Or, l'Empire allemand s'est arrangé de façon que presque tous les frais en soient faits par les intéressés ; il n'y contribue lui-même que pour une somme des plus modiques, qui ne montait qu'à moins de 61 millions de francs (48 757 608 marks) en 1906[1] et qui peut atteindre, pour l'année courante, 65 à 66 millions de francs. Voilà tous les sacrifices que fait l'Empire allemand pour l'ensemble de ses assurances ouvrières ; c'est de la philanthropie à bon marché, philanthropie intelligente d'ailleurs, puisqu'elle ne gaspille pas les deniers publics, qu'elle se contente de fournir des cadres et des règles aux intéressés, en leur allouant quelques subventions, très étroitement mesurées. L'Angleterre et la France ont très maladroitement copié et copient encore de plus en plus maladroitement l'Allemagne, en quintuplant ou en sextuplant, dans des œuvres incohérentes, les sacrifices que fait celle-ci pour des œuvres bien combinées. Il suffit

---

1 *Statistisches Jahrbuch für das Deutsche Reich*, 1908, p. 318.

Paul Leroy-Beaulieu

de citer notre prodigieuse loi de 1905 sur l'assistance aux vieillards et aux infirmes, qui, avec d'énormes et souvent grotesques abus, coûte à la France 98 millions de francs, moitié plus que ce que l'Empire allemand, avec sa population de 60 pour 103 supérieure à la nôtre, dépense pour tout son faisceau d'assurances officielles variées. Il faut également mentionner le débat qui se poursuit au Sénat sur l'assurance obligatoire contre la vieillesse, laquelle coûtera à elle seule au Trésor plusieurs centaines de millions.

L'Angleterre, mais ce n'est pas là une consolation, agit, en cette matière, avec le même entraînement et la même étourderie que la France. Elle a voté sur les pensions ouvrières, sans aucune étude préalable, sans aucune base positive, en quelques séances, une loi qui lui coûte 220 millions par an et arrivera peut-être à 300 ; le ministère radical anglais annonce d'autres mesures, aussi peu étudiées et préparées, qui aggraveraient considérablement le fardeau.

Quand donc on vient dire que les dépenses nouvelles engagées par les gouvernements et les parlements sont imposées par la nécessité, on se trompe gravement ou l'on trompe le pays. Une grande partie de ces dépenses provient de la légèreté, du parti pris, des fantaisies, on peut dire aussi des marottes des politiciens qui jouent, sans y regarder, avec les deniers publics. Le rachat des chemins de l'Ouest, par exemple, ici en France, la proscription des congrégations et la fermeture de milliers d'écoles libres, qu'il a fallu remplacer par des écoles publiques coûteuses, entrent, sans parler d'un coulage permanent, pour au moins 80 millions dans l'accroissement des dépenses depuis dix années. La cause de ces dépenses parasites et du gaspillage quasi continu est l'abaissement du personnel gouvernemental et représentatif ; le pouvoir, en partie par leur faute, est échappé aux classes réfléchies, économes et prévoyantes pour échoir à celles qui n'ont ni expérience, ni contrôle sur elles-mêmes, ni souci de l'avenir. Ce n'est pas toujours par le talent que les membres des gouvernements actuels sont inférieurs à ceux des gouvernements antérieurs, mais beaucoup plus par la conscience ; ils dissertent avec autant de faconde sur les choses publiques ; mais ils n'ont cure que de l'heure présente et de celle qui la suit immédiatement ; les événements ou plutôt les incidents immédiats bornent l'horizon de leur pensée ; la maxime : « Après moi le déluge, » est leur constant mot d'ordre ; ils la raccourcissent encore en la ramenant non pas à la durée de leur vie, mais à celle de combinaisons gouvernementales ou parlementaires éphémères ; ils comptent sur la conjoncture, sur l'imprévu, et aussi sur l'oubli rapide et l'indulgence populaire pour pallier les conséquences un peu distantes de leur faute. En un mot, l'homme politique a complètement disparu, et il n'y a plus que ce diminutif : le politicien.

III. — A QUI APPARTIENNENT LES SUCCESSIONS ? LA CONFISCATION DES SUCCESSIONS PAR L'ÉTAT

Le politicien qui détient aujourd'hui le gouvernement et le parlement, dépensant en fantaisies ou en entraînements sans compter, est obligé, de temps à autre, de chercher des ressources. Sa préoccupation constante, pour écarter de lui l'animadversion populaire, est de frapper, soit exclusivement, soit de beaucoup principalement, un nombre de citoyens qui soit en petite minorité. De là la généralisation pratique de l'impôt progressif, qui, jusqu'à un temps très récent, n'était guère qu'une thèse d'école ; de là aussi les coups de massue successifs qui accablent les successions, du moins celles qui ont quelque importance. Le politicien obtient ainsi deux résultats : il se procure, en négligeant les répercussions possibles et les défaillances probables des taxes dans l'avenir, des rentrées immédiates ; il satisfait aussi un sentiment mauvais qui est très répandu, qui a été en quelque sorte l'âme des démocraties antiques et de celles du moyen âge et qui aussi a causé leur chute, à savoir : l'envie.

La révolution fiscale dont nous sommes témoins a son point de départ, pour l'Angleterre, dans la loi de sir William Harcourt, chancelier de l'Echiquier libéral en 1894, introduisant l'impôt progressif dans les successions ; elle a également en France son point de départ dans la loi qui introduisit chez nous l'impôt progressif dans les successions en 1901. Ce sont des ministres soi-disant modérés qui, sur l'une et l'autre rive de la Manche, ont commis cette énorme faute de désigner les successions comme une proie facile et ample à l'envie populaire.

On a vu plus haut que, en Angleterre, en 1893, à la veille des mesures proposées par sir William Harcourt et qu'il fit adopter malgré une lutte très vive de l'opposition conservatrice, les droits sur

Paul Leroy-Beaulieu

les successions produisaient 7 583 000 livres sterling ou 190 millions de francs pour une annuité successorale qui était alors de 5 milliards 500 millions ; la taxe moyenne s'élevait ainsi à 3 1/2 p. 100 environ. Les droits successoraux britanniques étaient très compliqués ; ils tenaient en partie de la législation moyenâgeuse ; d'autre part, grâce au régime assez fréquent des substitutions, une partie de la matière successorale échappait aux taxes. Il pouvait donc y avoir lieu à une réforme ; mais l'on sait que, quand l'Etat se mêle de réformer en matière fiscale, il aggrave toujours la charge.

Les successions sont, sans doute, une base fiscale acceptable. Il est incontestable que l'Etat rend un service en assurant la transmission paisible des biens : il a donc droit à ce qu'on l'en récompense. D'autre part, les successions font apparaître, de la part des avares ou même des gens simplement très économes, des biens mobiliers qui, durant l'existence de ceux qui les ont amassés, ont pu, étant dissimulés, ne contribuer que peu aux charges publiques. A ces deux titres, quoique le second soit plus exceptionnel que le premier, la dévolution successorale peut être imposée. Toutes les législations, cependant, ne l'ont pas admis ; on sait que, à l'heure actuelle, en Prusse, il n'y a pas encore de droit sur les successions en ligne directe : les enfants sont considérés comme des sortes de co-propriétaires des biens du père et l'on ne s'est pas résolu encore à frapper la transmission de l'avoir de celui-ci à ceux-là.

Les droits sur les successions sont, néanmoins, très antiques ; l'Empire romain les appliqua. On connaît la fameuse *vicesima hœreditatum*, ou perception du vingtième des héritages qui fut due à Auguste. Dion Cassius nous apprend que ces droits portaient sur toutes les successions, tous les legs, toutes les donations pour cause de mort, excepté sur les successions dévolues aux pauvres et aux parents les plus proches. Il semblerait, d'après cela, que celles en ligne directe devaient être exemptées. Pline, en tout cas, a plaidé la cause de leur exemption en des termes très remarquables et qui, après dix-neuf siècles, méritent d'être reproduits. En parlant de cette *vicesima hœreditatum*, il s'exprime ainsi : « *Tributum tolerabile et facile hœredibus duntaxat extraneis, domesticis grave* ; tribut tolérable et facile pour les héritiers complètement étrangers, mais lourd pour les parents. » Et il ajoute : « aussi l'a-t-on imposé aux étrangers et en a-t-on exonéré les proches parents, *videlicet qnod manifestum erat, quanto cum dolore laturi, seu potius non laturi homines essent distringi aliquid et abradi bonis, quæ sanguine, gentilitate, sacrorum denique societate meruissent, quæque nunquam ut aliena et speranda, sed ut sua semperque possessa, ac deinceps proximo cuique transmittenda cepissent* ; c'est pourquoi la taxe fut imposée à ceux-là (les étrangers), tandis qu'on en déchargea ceux-ci (les proches), parce que « il était manifeste avec quelle douleur ils auraient supporté ou plutôt ils n'auraient pas supporté qu'on enlevât et qu'on arrachât quelque chose au bien qu'ils avaient mérité par leur communauté de sang, de traditions divines et humaines et qu'ils avaient regardé toujours non pas comme des choses étrangères et objet d'espérance, mais comme leur appartenant déjà, comme toujours possédées par eux et devant être ensuite transmises au parent le plus proche. » C'est en ces termes frappants, décisifs, que s'exprime la sagesse antique ; c'est là aussi le principe de ce que, en notre droit, on appelle la saisine, de cette formule célèbre : Le mort saisit le vif, c'est-à-dire que la translation des biens du mort au parent le plus proche se fait d'elle-même, sans intermédiaire, sans investiture quelconque, fût-ce celle de l'Etat. Ce sont ces principes, consacrés par plus de vingt siècles de civilisation, malgré tant de péripéties sociales, que l'on prétend aujourd'hui supprimer.

Admettre un droit, quel qu'il soit, de succession en ligne directe, c'est déjà, on le voit, par cette opinion frappante des anciens et par l'exemple actuel de la Prusse, faire une concession sérieuse à l'Etat ; ce droit doit être maintenu dans les limites d'une très grande discrétion ; la contribution en ce cas doit être tout à fait légère. En ce qui concerne les successions dévolues à des étrangers, le droit peut être plus étendu ; mais il ne saurait être livré à l'arbitraire du gouvernement, à ses coups répétés et sans retenue ; il doit rester un impôt, un impôt sur les biens et, comme tel, avoir des limites analogues à celles où sont contenus les droits généraux sur le revenu et la fortune des vivants. On peut soutenir et nous avons soutenu et soutenons,[1] quant à nous, que les droits de succession, quels qu'ils soient, ne devraient jamais prélever plus d'une année du revenu des biens transmis. Autrefois, le revenu était d'environ 5 p. 100, parfois en matière commerciale de 6 p. 100. On ne s'était écarté que mo-

---

1 Voyez notre *Traité de la science des Finances*, 7ᵉ édition, t. I, p. 715.

Paul Leroy-Beaulieu

dérément de cette limite pour le fonctionnement de ces droits en France dans la première partie du XIXe siècle : les successions en ligne directe payaient 1 p. 100 ; celles entre frères et sœurs, oncles, tantes, neveux et nièces, 6 fr. 50 p. 100, celles entre grands-oncles, grand'tantes, cousins germains 7 p. 100 ; entre parents au-delà du quatrième degré (c'est-à-dire plus éloignés que cousins germains) et jusqu'au douzième (limite des successions *ab intestat*), le droit était de 8 p. 100 ; entre personnes non parentes, il atteignait 9 p. 100 ; enfin, entre époux, il était de 3 p. 100. On voit que, en ligne directe, la perception était très discrète ; elle restait encore modérée, quoique peut-être déjà trop forte, entre époux et entre collatéraux proches, frères et sœurs, neveux et nièces ; si elle s'accentuait pour les autres cas, elle demeurait, même entre étrangers, dans les limites de deux années de revenu environ. A la suite de la guerre de Crimée, le Trésor ayant de grands besoins d'argent, éleva de 25 p. 100 (2 décimes et demi) tous les droits d'enregistrement ; les droits sur les successions furent accrus d'autant et s'écartèrent de la modération primitive ; cette surtaxe temporaire devint perpétuelle.

En Angleterre, comme en France, les droits sur les successions, quoique confus, étaient assez modérés, jusqu'aux profondes modifications que leur imposa sir William Harcourt en 1894. Une réforme, sans doute, eût pu être utile en supprimant les archaïsmes et en faisant disparaître les anomalies injustes ; un léger relèvement uniforme des droits, quoique prêtant à la critique, eût pu être accepté. Mais le chancelier de l'Echiquier fit voter un tarif progressif des plus accentués, dépassant, dans ses degrés supérieurs et même moyens, les limites d'un impôt et aboutissant à une véritable confiscation.

Les Anglais ont deux droits distincts de succession qui, sauf en ligne directe, se cumulent : l'un est dit *Estate Duty* et porte sur la masse successorale sans considération de la personne de l'héritier et du lien qui le rattachait au défunt. L'autre est appelé *Legacy and Succession Duty*, droit sur les legs et successions, et se joint, pour tous les héritages autres que ceux en ligne directe, au premier droit.

Le premier impôt successoral britannique, tel qu'il fut établi par sir William Harcourt en 1894, est progressif suivant l'importance de la masse successorale : les toutes petites successions, celles au-dessous de 100 livres sterling (2500 francs) sont exemptes de tout droit ; pour les autres, l'*Estate Duty*, jusqu'aux accroissements récents, variait de 1 à 8 pour 100, à savoir : 1 pour 100 jusqu'à 12 500 francs ; 2 pour 100 de 12 500 à 25 000 francs ; 3 pour 100 de 25 001 à 250 000 ; 4 pour 100 de 250 001 francs à 625 000 ; 4 et demi pour 100 de 625 001 à 1 250 000 ; 5 pour 100 de 1 250 001 à 1 875 000 francs, 5 et demi pour 100 de 1 875 001 francs à 2 millions et demi ; 6 pour 100 de plus de 2 millions et demi à 3 750 000 francs ; 6 et demi pour 100 de 3 750 001 à 6 250 000 ; 7 pour 100 de 6 250 001 à 12 millions et demi de francs ; 7 et demi pour 100 de 12 millions et demi de francs à 25 millions, et enfin 8 pour 100 pour plus de 25 millions de francs. C'était là une taxation tout à fait draconienne : établir un droit de 4 et demi à 5 pour 100 sur les successions moyennes en ligne directe et de 7 à 8 pour 100 sur les grosses successions dans la même ligne, c'était considérer l'Etat comme une sorte de co-propriétaire des biens des particuliers.

Quand la succession s'effectuait entre collatéraux ou entre personnes non parentes, aux droits ci-dessus, constituant l'*Estate Duty*, se joignaient les droits suivans du *Legacy and Succession Duty* : 3 pour 100 entre frères et sœurs ou descendants d'eux ; 5 pour 100 entre oncles et tantes ou leurs descendants ; 6 pour 100 entre grands-oncles ou grand'tantes et les descendants d'eux ; enfin 10 pour 100 entre parents plus éloignés ou non parons. Par la combinaison de ces deux droits successoraux, les taxes sur les successions, établies par sir William Harcourt, s'élevaient jusqu'à 18 pour 100.

Ce n'est plus là un impôt. M. Balfour, chef alors, comme aujourd'hui, de l'Opposition, demandait, dans la discussion dont ces droits furent l'objet, si l'on devait admettre que les particuliers, parents ou légataires désignés par le défunt, ne recueilleraient dans les héritages que la part que l'État daignerait leur laisser. C'est à propos également de ces droits formidables que, avec grand'raison, dans ses *Systèmes généraux d'impôts*, M. René Stourm pose cette question : *A qui appartiennent les successions* ? Nous la posons, nous aussi, et il importerait qu'elle fût résolue. Est-ce, — comme dans les pays musulmans, ce qui a été pour ces contrées la cause de l'arrêt de tout essor, — l'État qui est propriétaire éminent de tous les biens dont les particuliers ont de leur vivant la jouissance et qui, à son gré, peut s'en attribuer, lors de la mort du propriétaire

Paul Leroy-Beaulieu

transformé en une sorte d'usufruitier, toute la part qu'il juge bon de prendre, en laissant, par simple bienveillance ou par des considérations d'opportunité dont il est seul juge, le reliquat aux parents du défunt ou aux légataires qu'il a institués ?

Il semble bien que ce soit la théorie qui tende à s'établir : autrement, on ne comprendrait pas ces prélèvements scandaleux allant jusqu'à 18 pour 100, à plus forte raison les nouvelles surtaxes qui devaient postérieurement s'y ajouter. En adoptant, en 1894, ce tarif extravagant de droits successoraux, l'Angleterre faisait un grand pas, inconscient si l'on veut, dans la voie du socialisme. Aussi, nous faisons remonter la Révolution fiscale, chez nos voisins, à cette loi de 1894.

Telle est la force du *virus* de l'impôt progressif, quand on a eu l'imprudence de l'introduire dans une législation, qu'il ne peut rester longtemps stationnaire et qu'il s'accentue sans relâche, menaçant de dévorer toute la substance qui est soumise à ses prélèvements et devant y arriver fatalement si on lui en laisse le temps. A peine arrivé au gouvernement, le ministère britannique actuel, dit libéral, mais en réalité radical-socialiste, remania le tarif progressif établi par sir William Harcourt en 1894 et y ajouta quelques degrés ; l'*Estate Duty*, le premier des deux droits successoraux britanniques, celui qui frappe la masse successorale, sans considération de la personne de l'héritier et du lien qui le rattachait au défunt, s'arrêtait à 8 p. 100 pour les successions au-dessus de 1 million sterling ou de 25 millions de francs ; on porta le droit à 10 pour 100, à 12 pour 100, à 14 pour 100, à 15 pour 100 pour les masses successorales graduellement plus élevées. C'est là, rappelons-le, le droit qui s'applique en ligne directe ; il s'y joint, pour les collatéraux et les personnes non parentes, le second droit successoral britannique qui va jusqu'à 10 pour 100. Par le cumul de ces droits, la taxe successorale, depuis le mois d'avril 1907 et avant les aggravations du budget actuellement en cours de discussion, va donc jusqu'à 25 pour 100. Peut-on soutenir qu'un prélèvement pareil constitue un impôt ? C'est manifestement une confiscation pure et simple.

Le budget de M. Lloyd George, qui soulève tant de débats, vient encore relever ces droits, ce qui confirme de nouveau l'observation que nous faisions tout à l'heure sur l'évolution du *virus* de l'impôt progressif. Comme il eût été trop choquant, dans l'état actuel des mœurs, d'élever davantage le maximum de 15 pour 100 de l'*Estate Duty*, conduisant, par sa combinaison avec l'autre droit successoral, à une taxation de 25 pour 100 pour le degré le plus élevé, on a renforcé la taxe pour tous les degrés moyens, à partir de 125 000 francs, de 1, 2, 3 ou 4 pour 100. Une succession de 1 million de francs, par exemple, paie maintenant 7 pour 100 en ligne directe, une de 2 millions et demi de francs paie 9 pour 100, une de 5 millions de francs 11 pour 100, et ainsi de suite ; quand la succession va à des collatéraux ou à des non-parents, il s'y joint une autre taxe de 3, 5, 6 ou 10 pour 100 suivant les cas, ce qui rend plus fréquents les prélèvements totaux de 15 à 25 pour 100. Ainsi se généralise la confiscation partielle. Cette mainmise de l'Etat sur les successions est-elle du socialisme ? Un journal financier anglais ministériel niant que le budget de M. Lloyd George contînt aucune mesure socialiste, un de ses abonnés lui écrivit : « Si l'Etat mettait un impôt de 100 pour 100 sur les successions, admettriez-vous que ce fût là du socialisme ? si vous l'admettez, à quel pourcentage vous arrêterez-vous pour reconnaître le caractère socialiste du prélèvement ? » Quant à nous, nous n'hésitons pas : des taxes successorales de 15, 20 ou 25 pour 100, ont manifestement le caractère de confiscation ; elles ne peuvent se justifier par aucune considération ; et c'est là, à n'en pas douter, du socialisme.

En France on s'est mis en marche dans la même voie, un peu plus tard que l'Angleterre, à l'imitation de l'Angleterre et l'on est sur le point de la rattraper. C'est la loi de finances du 25 février 1901 qui, par l'initiative gouvernementale, a transformé chez nous le tarif proportionnel des droits en un tarif progressif : il parut d'abord modéré et acceptable, du moins en ligne directe ; le maximum ne s'en élevait pour cette ligne qu'à 2,50 pour 100 ; il ne faut pas oublier que c'était le double de la taxe antérieure qui n'était que de 1,25 pour 100 ; entre époux, en ligne collatérale et pour les non-parents la progression atteignait des taux tout à fait inacceptables : 7 pour 100 entre époux, 12 pour 100 entre frères et sœurs, 13,50 pour 100 entre oncles et neveux, 15,50 pour 100 entre grands-oncles et petits-neveux ou entre cousins germains, 17,50 entre parents au 5e ou 6e degré, c'est-à-dire cousins issus de germains, enfin 18,50 pour 100 entre parents plus éloignés et personnes non parentes. Tous ces derniers taux sont bien de la confiscation.

Paul Leroy-Beaulieu

On ne s'en tint pas lu ; toujours pour confirmer notre observation relativement à l'évolution rapide du *virus* de l'impôt progressif, on créa, par la loi de finances du 30 mars 1902, quatre nouveaux échelons où la taxation fut poussée jusqu'à 5 pour 100 en ligne directe, à 9 pour 100 entre époux, à 14 pour 100 entre frères et sœurs, à 15,50 pour 100 entre oncles et neveux, à 17,50 pour 100 entre grands-oncles et petits-neveux et cousins germains, à 19,50 pour 100 entre parents aux 5e et 6e degrés, enfin à 20,50 pour 100 entre parents plus éloignés et entre non-parents.

On ne saurait le répéter avec trop de force, ces prélèvements arbitraires de 12, 15 ou 20 pour 100, n'ont d'aucune manière le caractère d'impôts ; ce sont des confiscations. L'Etat agit comme si les successions lui appartenaient, comme s'il pouvait les prendre tout entières, et, en réalité, il est en marche pour le faire. Au budget de 1907, le ministre des Finances proposait de relever de 40 pour 100 tous ces droits, sauf ceux s'appliquant aux très petites successions ; cela eût porté le maximum de la taxation à 28,60 pour 100. Un changement ministériel prévint celle nouvelle spoliation. Mais dans les récents budgets figure une nouvelle élévation de ces droits. M. Cochery proposait de porter le tarif jusqu'à 9 pour 100 entre père ou mère et fils ou filles, à 18 pour 100 entre grands-parents et petits-enfants, à 12 pour 100 entre époux, à 17 pour 100 entre frères et sœurs, à 18,50 pour 100 entre oncles et neveux, à 23 pour 100 entre grands-oncles et petits-neveux et cousins germains, à 26 pour 100 entre parents plus éloignés ou non-parents. La Commission du budget a reculé devant ces énormités en ce qui concerne la ligne directe ; mais elle a aussi relevé les tarifs. Elle en porte le maximum à 6 et demi pour 100 entre père ou mère et enfants, 7 pour 100 et 7,50 pour 100 entre grands-parents et petits-enfants, ou arrière-grands-parents et arrière-petits-enfants, à 12,25 pour 100 entre époux, 18,25 pour 100 entre frères et sœurs, 23 pour 100 entre oncles et neveux, 20 pour 100 entre grands-oncles et petits-neveux et cousins germains, 29 pour 100 entre parents plus éloignés ou non-parents.

Et voici que l'on annonce, dans des discours faits par des membres relativement modérés de la Chambre, que tous ces droits devront être relevés de 25 pour 100 pour les retraites ouvrières ; cela porterait le maximum à près de 9 pour 100 entre père et mère et fils ou filles, à plus de 15 pour 100 entre époux, à près de 23 pour 100 entre frères et sœurs, à 28,75 pour 100 entre oncles et neveux, à 36 un quart pour 100 entre parents éloignés ou non-parents. Le ministre des Finances, M. Cochery, parle déjà d'une nouvelle surtaxe d'un décime et demi, qui rapprocherait les droits de ces taux extravagants. On voit quelles étapes fait l'impôt progressif et à quels prélèvements il arrive. En réalité, c'est le maintien de l'héritage qui est en question.

On tâche de réconforter les naïfs en leur disant : les taux les plus élevés ne s'appliquent qu'aux très grosses successions ; ceux qui les recueillent ne sont pas intéressants. Il faudrait être bien imprévoyant pour admettre de semblables justifications ou même de semblables excuses. Si l'on trouve que l'Etat a le droit de prélever 30 ou 36 pour 100 d'une grosse succession, et que l'on insère ces droits dans le tarif successoral, la masse de la population qui juge qu'une somme de 1 million ou même de 500 000 francs, ou même de 200 000 francs, est une grosse succession, arrivera à demander que les mêmes taux soient appliqués à ces successions, que les personnes aisées considèrent comme moyennes, mais que la masse de la nation peut considérer comme importantes. On fera alors ce qu'a fait M. Lloyd George dans son budget de 1909-1910 ; on ne relèvera plus les taux maxima du tarif, ce qui produirait peu de chose, mais l'on appliquera ces taux aux successions moyennes après les avoir fait voter pour les successions exceptionnelles.

IV. — L'IMPOT GLOBAL PERSONNEL ET PROGRESSIF SUR LE REVENU — CONCENTRATION DE LA TAXE SUR UNE PETITE MINORITÉ DE CONTRIBUABLES

On retrouve, dans les modifications qu'on est en train d'apporter à l'impôt sur le revenu en Angleterre et dans le projet d'impôt de même nature voté par la Chambre des députés française, les mêmes traits que nous avons signalés dans les transformations récentes des taxes successorales : concentration de l'impôt, dans toute la mesure possible, sur une petite minorité de contribuables, qui ne trouve pas de défenseurs dans le Parlement et que l'on saigne à blanc ; inquisition dans la vie familiale et journalière ; ce sont bien

Paul Leroy-Beaulieu

là les caractères essentiels de la Révolution fiscale ; il en résulte une taxation inique, oppressive, qui plonge dans le découragement la partie de la nation qui contribue le plus à la création du capital.

L'*Income tax* ou impôt britannique sur le revenu, tel qu'il fonctionnait en Angleterre jusqu'à la fin du dernier siècle et même jusqu'à l'avènement du ministère radical actuel ne prêtait pas à de très graves critiques. Ce n'était pas, on le sait, un impôt sur le revenu global ; c'était un impôt cédulaire, portant sur les cinq principales sources de revenu considérées chacune isolément : la cédule A concernant les revenus fonciers ; la cédule B, les revenus de l'exploitation agricole, distincts de la valeur locative de la terre ou du fermage ; la cédule C, les revenus des fonds publics, nationaux, coloniaux ou étrangers ; la cédule D, les revenus professionnels de toute nature, y compris les revenus industriels ou commerciaux et ceux des valeurs mobilières diverses ; la cédule E, les traitements des fonctionnaires publics.

Pour quatre de ces cédules, l'assiette de l'impôt est aisée, d'autant que pour l'exploitation agricole, cédule en soi peu importante et d'un très modique rendement, on admet certains forfaits ; une seule cédule, la cédule D, concernant les revenus commerciaux, industriels et ceux des professions diverses, pouvait prêter à des difficultés. L'impôt britannique ayant écarté toute considération des signes extérieurs, force était bien d'avoir recours pour cette cédule isolée à la déclaration du contribuable. On avait entouré cette déclaration de toutes les garanties possibles : néanmoins, la cédule D a toujours été le point faible de l'*Income tax* et, selon nous, il eût été préférable de recourir pour les revenus industriels, commerciaux et professionnels, aux signes extérieurs comme le fait notre contribution des patentes ou notre contribution mobilière.

Le public britannique s'était fait, toutefois, à l'obligation de la déclaration pour cette cédule D ; le taux de l'impôt étant en général très léger et uniforme pour tous les contribuables, sauf l'immunité pour les très petits revenus et quelques réductions pour les revenus modiques, on supportait cet assujettissement.

Le point capital, dans l'*Income tax* britannique, c'est que l'impôt n'était pas global ; il portait sur les diverses parties du revenu ; il n'était jamais totalisé ; on ne cherchait pas à savoir le revenu d'ensemble du contribuable. Celui-ci, cependant, pouvait le faire connaître, s'il désirait profiter de l'immunité complète pour les tout petits revenus ou de déductions (*abatements*) pour les revenus modiques. Au-dessous de 4 000 francs de revenu total, on était, en effet, dégagé de l'impôt, et de 4001 à 17500 francs, on jouissait de ta déduction de 4 000 francs de revenu jusqu'à 10 000 francs et d'autres déductions encore de moindre importance pour les revenus de 10 001 à 17 500 francs.

Ceux qui réclamaient ces déductions devaient naturellement démontrer qu'ils y avaient droit et, pour cela, faire connaître leur revenu total ; mais c'étaient là des cas exceptionnels et où les déclarations spontanées n'avaient pas ou guère d'inconvénients.

L'*Income tax* britannique n'avait aucun caractère, progressif ; il était, il est vrai, dégressif, en ce sens que les tout petits revenus, comme on l'a vu, en étaient indemnes et que les revenus modiques jouissaient de certaines modérations de la taxe. On ne fait, en général, aucune différence, entre l'impôt progressif et l'impôt dégressif : il y en a, cependant, une très grande et très nette. Nous l'avons maintes fois établie, et nous sommes étonné que les idées restent encore si confuses à ce sujet. L'impôt est dégressif quand c'est seulement la minorité de la matière imposable qui profite de dégrèvements et que la majorité de la matière imposable est assujettie à un droit uniforme. Notre ancienne contribution mobilière était un exemple d'impôt dégressif. L'impôt est progressif, au contraire, quand la majorité de la matière imposable profite de dégrèvements et que les taux élevés de l'impôt s'appliquent à des tranches de plus en plus minces.[1] Si l'impôt dégressif est, dans certains cas, admissible, l'impôt progressif doit être toujours banni ; c'est, en effet, un *virus* que l'on ne peut contenir, qui va toujours en se développant et qui, avec les plus frappantes iniquités, produit les perturbations les plus profondes.

Tel qu'il fonctionnait jusqu'à l'avènement du présent ministère radical, l'*Income tax* britannique était, en général, à des taux très bas. On a vu que, dans la période gladstonienne, il n'était guère que de 5 à 6 pence par livre sterling, soit de 2 à 2 1/2 pour 100. On l'élevait notablement, mais passagèrement, dans les périodes de grands besoins nationaux. C'est ainsi que, pendant la guerre de l'Afrique du

---

1 Voyez notre *Traité de la science des Finances*, t. I, p. 203 et 204.

Paul Leroy-Beaulieu

Sud (1899-1902), sous le dernier ministère unioniste, le taux en fut élevé successivement à 1 shilling, 1 shilling 2 pence et 1 shilling 3 pence par livre sterling, soit respectivement 5,6 et 6 1/4 pour 100. Mais ce taux, d'ailleurs uniforme pour tous les revenus, sauf les modérations indiquées ci-dessus, pouvait être considéré comme n'étant pas encore exorbitant, surtout en semblables circonstances, étant donné qu'il n'y a pas en Angleterre d'impôt sur le revenu des valeurs mobilières, que l'impôt foncier d'État n'y existe quasi pas et que notre contribution mobilière y est inconnue. Aux taux ci-dessus, l'*Income tax* britannique était arrivé à produire 865 millions de francs en 1902-1903.

Le ministère radical actuel a apporté à l'impôt britannique sur le revenu une première modification qui parut équitable. On avait souvent demandé qu'il fût fait dans cet impôt une distinction entre les revenus personnels, provenant de l'activité du contribuable, revenus essentiellement précaires, et les revenus de capitaux qui offrent plus de permanence. Cette distinction était équitable. Le ministère britannique réduisit, dans le budget de 1907-1908, la taxe sur les revenus dits gagnés (*earned*) à 9 pence par livre sterling (3,70 pour 100), tandis que les autres revenus dits revenus non gagnés (*unearned*) étaient taxés à 1 shilling ou 5 pour 100 : cette remise ne fut accordée, toutefois, que pour les revenus gagnés de moins de 50 000 francs. Cette limitation n'avait aucune raison d'être. La distinction entre les revenus provenant de l'activité personnelle ou les revenus temporaires d'une part et les revenus provenant de capitaux, d'autre part, était, au contraire, très légitime. Mais on ne peut assez blâmer les termes par lesquels la langue fiscale britannique désigne ces deux catégories de revenus ; elle appelle revenus *gagnés* ceux qui proviennent de l'activité personnelle et revenus non gagnés (*unearned*) ceux qui proviennent de capitaux ; or, dans la plupart des cas, ceux-ci sont tout aussi bien gagnés que les premiers : un homme qui a peiné toute sa vie pour se faire un capital et en toucher les revenus a tout aussi bien gagné ceux-ci qu'un homme qui n'épargne pas a gagné ceux que lui rapporte annuellement sa profession et qu'il dépense. Il y a même plus de mérite dans le premier cas que dans le second, puisqu'il y a eu deux opérations pénibles et méritoires : il a fallu d'abord gagner le revenu, puis le consolider en le transformant en capital : il est malheureux que la langue fiscale britannique jette ainsi le discrédit et la défaveur sur les revenus de capitaux.

Le nouveau budget de M. Lloyd George fait subir à l'impôt britannique sur le revenu une transformation complète. Il le rend progressif et, pour arriver à cette progressivité, il rend obligatoire, au gré de l'administration, la déclaration du revenu total. Il établit ce qu'il appelle la *supertax* et ce que M. Caillaux a nommé ici l'impôt complémentaire. Les personnes ayant de gros revenus, à savoir plus de 5 000 livres sterl. ou de 125 000 francs, seront atteintes par cette *supertax*. Le taux général de l'impôt sera de 1 shilling 2 pence, ou 5,90 pour 100 ; la *supertax* sera de 6 pence ou de 2 1/2 pour 100, à partir de 75 000 francs de revenu pour tous les contribuables qui ont un revenu de plus de 125 000 francs. Nous négligeons certaines modalités accessoires. Ce qui a une très haute gravité, dans cette taxation, c'est moins encore le taux qui, pour les assujettis à cette *supertax*, dépassera 8 pour 100 pour les revenus élevés (on doit rappeler ici que les valeurs mobilières ne sont frappées d'aucune taxe spéciale en Angleterre) que la création d'une catégorie très peu nombreuse de contribuables qui sera livrée sans défense à tous les appétits du fisc. On calcule qu'il n'y a qu'une dizaine de mille personnes en Angleterre qui aient un revenu de plus de 125 000 francs. Ce sont dix mille victimes qui sont désignées pour supporter tous les excès présens et futurs de la taxation. Comment des surtaxes de ce genre portant sur d'aussi faibles couches de contribuables pourraient-elles être légitimes ? Le grand principe moderne n'est-il pas que l'impôt doit être consenti par le contribuable ? EL comment pourrait-on soutenir que de faibles catégories de contribuables qui, à cause même de leur petit nombre, ne peuvent avoir de défenseurs au Parlement, consentent les taxes énormes sous lesquelles on les écrase ? L'impôt ne peut être considéré comme consenti que quand il est uniforme pour tous les citoyens ; il en résulte qu'un impôt progressif est au fond un impôt illégal, si l'on prend le terme de loi dans sa haute et philosophique acception.

L'impôt sur le revenu en France, tel qu'il a été proposé par M. Caillaux et voté, avec encore de nombreuses déformations et aggravations par la Chambre des députés, est empreint des mêmes vices. Il les reproduit même avec des raffinements, une inquisition plus cynique. L'impôt dit complémentaire, dans un pays à fortunes et à revenus disséminés comme l'est le nôtre, ne pouvait être rejeté sur les seuls citoyens opulents ; la productivité en eût été insuffisante. On l'applique à tous les contribuables ayant plus de 5 000 francs de revenus ; ces contribuables, d'après les statistiques fiscales, sont au nombre de 481 000 seulement surplus de 20 millions d'adultes des deux sexes et 10 millions d'électeurs ; comme on admet, toutefois, des déductions assez amples pour les revenus de 5 001 à 25 000 francs, il en résulte que les principales rigueurs de l'impôt portent sur ceux qui ont un revenu supérieur à ce dernier chiffre : or, ils ne sont qu'au nombre de 50 000 environ ; voilà les victimes désignées aux appétits du fisc, aux caprices des Parlements voulant multiplier les dépenses publiques. Où peut être le frein dans un pareil système ? Quelle sécurité peut avoir le contribuable appartenant à ces catégories ainsi choisies et mises en réserve pour être taxées à merci et miséricorde ? Ce sont des otages contre lesquels, à raison de leur petit nombre, on se croit tout permis. Tout témoigne que l'on est ici, comme pour les successions, dans la voie de la confiscation.

Un des traits les plus fâcheux des dernières années, c'est l'émulation qui s'est emparée des deux gouvernements anglais et français en ce qui touche la fiscalité spoliatrice. M. Asquith, le chef du Cabinet britannique, déclarait, il y a un an ou dix-huit mois, que M. Caillaux était le ministre des Finances le plus génial du globe. Par un échange de courtoisie, M. Caillaux n'a cessé d'invoquer, à l'appui de ses projets, les exemples du Cabinet britannique. L'émulation entre ces deux gouvernements pour l'application d'une fiscalité draconienne a été l'un des plus grands fléaux de ces dernières années et elle le reste encore, car elle survit au départ de M. Caillaux.

V. — MAINMISE PAR L'ÉTAT SUR LA PRÉTENDUE PLUS-VALUE NON GAGNÉE ET REVENDICATION PAR LUI DES BONNES CHANCES DANS LES ENTREPRISES PRIVÉES ALÉATOIRES

Une des innovations de la fiscalité nouvelle en Angleterre et, dans une certaine mesure aussi, en France, c'est la mainmise par l'Etat sur la prétendue plus-value non gagnée, *unearned increment*. Toute la première moitié et encore le troisième quart du XIXe siècle ont été remplis de discussions théoriques sur la plus-value spontanée du sol. C'était jadis une doctrine accréditée, que tous les progrès de la civilisation profitent au détenteur du sol et en enflent les revenus, sans aucun travail ni aucun mérite de sa part. On considérait que l'accroissement de la rente de la terre était fatal et devait être ininterrompu. Cette conception se rattache à ce que l'on appelle la loi de Ricardo, du nom de celui qui l'a formulée. Un certain nombre d'économistes, et parmi eux John Stuart Mill, en concluaient que l'Etat aurait le droit de s'approprier, aux dépens du propriétaire foncier, la rente du sol, à savoir tout ce qui, dans l'essor du revenu foncier, en dehors de l'intérêt des capitaux consacrés à la culture ou incorporés au sol, représentait l'effet du milieu social favorable.

A partir du troisième quartier du XIXe siècle, il fallut beaucoup rabattre de cette doctrine. Par la combinaison de circonstances diverses, notamment la concurrence des pays neufs et les progrès agricoles qui développent singulièrement la production, parfois au-delà de la consommation comme pour le vin, le revenu et la valeur des terres en Angleterre, en Belgique, en France, là sous le régime du libre-échange, ici sous le régime de la protection, ont considérablement fléchi. Les propriétés agricoles assujetties à l'*Income tax*, impôt sur le revenu, dans la Grande-Bretagne et l'Irlande en 1880, avaient une valeur locative de 69 548 796 livres sterl., soit en chiffres ronds 1 750 millions de francs ; en 1906-1907, elles n'ont plus qu'une valeur locative de 52 053 135 livres, soit à peine un peu plus de 1 300 millions de francs;[1] le déclin a donc été de 450 millions de francs, ou de plus du quart dans le dernier siècle écoulé. En France, les enquêtes agricoles ont constaté que, de 1880 à la fin du XIXe siècle, le revenu des propriétés rurales a baissé en moyenne de près d'un quart également, et M. Caillaux dernièrement signalait, comme une révélation fort heureuse des sondages qu'il a fait faire pour l'impôt sur le revenu dans une grande partie du territoire, cette constatation que, à cause d'un certain re-

---

1 Voyez les *Statistical Abstracts for the United Kingdom*, celui de 1879-1893, p. 32 et celui de 1893-1907, p. 43.

Paul Leroy-Beaulieu

lèvement récent de la valeur locative des terres dans un certain nombre de départements, la moins-value du revenu agricole total de la France depuis 1880 ne dépasserait pas 10 p. 100. C'est là une appréciation optimiste ; elle laisse encore subsister une dépréciation considérable.

Les faits opposant, dans les circonstances récentes, à la doctrine de Ricardo et de Mill ou aux conséquences qu'on en tirait un flagrant démenti, témoignent ainsi que, en ce qui concerne l'agriculture, depuis un quart ou un tiers de siècle, le prétendu accroissement spontané du revenu, la plus-value non gagnée ou imméritée n'existe pas. Mais elle existe, assure-t-on, pour les terrains urbains et pour les mines.

Qu'il se soit fait avec les terrains dans les villes et avec les exploitations minières, qu'il continue de se faire même des fortunes où entrent pour une part, en dehors de la sagacité et du mérite du propriétaire, les circonstances extérieures, cela n'est pas contestable. S'ensuit-il que l'Etat puisse s'attribuer les plus-values de cette nature ? La question doit être plus générale ; elle se ramène à ceci : étant donné qu'il y a un grand nombre d'entreprises privées aléatoires, est-il juste et opportun que l'État revendique pour lui toutes les bonnes chances ou une grande partie des bonnes chances et laisse aux particuliers qui y sont engagés la totalité des mauvaises chances ? S'il y a, en effet, des terrains qui haussent de valeur, il se trouve, dans les villes qui déclinent ou même dans certains quartiers des villes les plus florissantes, comme celui du Palais-Royal à Paris, nombre de terrains perdant en une ou deux dizaines d'années la moitié ou parfois davantage de leur valeur. A côté de la plus-value dite imméritée, il y a la moins-value imméritée : l'Etat néglige celle-ci, mais il veut mettre la main sur celle-là. Et de même, à plus forte raison encore, pour les mines ; s'il y en a qui réjouissent leurs propriétaires par leur merveilleuse prospérité, il en est d'autres, en très grand nombre, en beaucoup plus grand nombre même, qui dévorent, sans rien rendre, les capitaux qu'on y incorpore. Si l'État veut s'approprier les bonnes chances en restant indifférent aux mauvaises, est-ce que l'équilibre des mobiles humains ne sera pas rompu ? Est-ce que les motifs à l'activité et à l'entreprise ne seront pas sensiblement atténués, aux dépens même du progrès social ?

M. Lloyd George, le chancelier de l'Échiquier, en faisant voter par

V.—MAINMISEPARL'ÉTATSURLAPRÉTENDUEPLUS-VALUENONGAGNÉE...

la Chambre des communes le budget de 1909-1910, ne s'est pas arrêté à ces inquiétantes questions. Il établit un prélèvement de 20 pour 100 sur l'augmentation de valeur des terrains qui sera censée provenir du milieu social (*increment daty*). Un prélèvement de 20 pour 100, cela n'a plus, à aucun degré, le caractère d'un impôt. Puis, pourquoi 20 pour 100 plutôt que 30 ou que 40 ? Les membres du *labour party*, parti dit du travail, déclarent que ce n'est là qu'un début, que les propriétaires devraient s'estimer trop heureux qu'on leur laisse encore 80 pour 100 et qu'ils ne doivent pas compter les conserver toujours. A chaque mutation et également au décès du propriétaire, on fera une expertise pour constater la plus-value et l'Etat prendra la part qu'il aura arbitrairement fixée. D'autres taxes, ayant un caractère analogue, sont établies par M. Lloyd George, sur les droits miniers. Que les revenus ou la richesse de cette nature paient des taxes analogues aux taxes générales établies sur la plupart des revenus, taxes soit annuelles, soit de mutation lors des changements de propriétaires, cela est légitime ; mais, qu'on les mette à part pour les accabler d'impôts exceptionnels et arbitraires, on a le droit de dire que c'est un pas marqué vers le collectivisme.

En France, on a esquissé, en ce qui concerne du moins les mines, des mesures analogues. On prétend augmenter dans des proportions énormes la taxe sur la superficie des mines, comme s'il y avait un rapport naturel entre la richesse et l'étendue, et on rendra ainsi inexploitables les mines médiocres. Il existait sur les mines une taxe très judicieuse, établie par la loi organique de 1808, c'est une redevance de 5 pour 100 sur le revenu net qu'elles donnent. Toutes les mines concédées en France depuis un siècle l'ont été sous ce régime. Or, M. Caillaux s'est avisé de rendre cette taxe progressive ; la progression est comme la muscade ; si on l'aime, on la met partout. La taxe sur le revenu des mines aurait désormais plusieurs taux ; celui de 5 pour 100, considéré par les concessionnaires comme faisant partie de leur cahier des charges, ne serait plus qu'un minimum ; le droit serait élevé à 20 pour 100 des bénéfices pour les mines rapportant plus de 10 pour 100 à leurs exploitants. Qu'on établisse cette taxation à l'avenir pour les nouveaux exploitants, on peut en avoir le droit ; il reste à savoir si, parce prélèvement excessif, on ne détournera pas les capitaux des entreprises minières, qui comportent tant d'aléas fâcheux, particulièrement en notre

Paul Leroy-Beaulieu

France dont le sous-sol est beaucoup plus pauvre que le sous-sol de l'Angleterre, de la Belgique et de l'Allemagne, pour ne pas parler des Etats-Unis. Mais on prétend appliquer ce prélèvement de 20 pour 100 des bénéfices aux concessions déjà existantes, en accordant, toutefois, cette prétendue faveur que cette élévation du droit portera seulement sur l'accroissement des bénéfices au-delà de ceux réalisés dans les années récentes. Il n'en est pas moins vrai que l'État viole ici manifestement la loi organique de 1808 et qu'on peut considérer cette mesure comme une infraction aux cahiers des charges des concessions.

VI. — AUTRES MESURES FISCALES RÉVOLUTIONNAIRES. LE FOISONNEMENT DES MONOPOLES D'ÉTAT. CONCLUSION

Nous aurions besoin de beaucoup trop d'espace s'il nous fallait relever et commenter toutes les mesures révolutionnaires que comporte la fiscalité en cours d'établissement et en projet. Dénonçons-en une qui ébranle tout notre droit traditionnel : c'est la suppression, en matière de succession, de ce qu'on appelle *la saisine*. Désormais, l'héritier naturel ne succéderait pas immédiatement et en quelque sorte automatiquement à son parent défunt. Il lui faudrait un jugement d'envoi en possession ; jusque-là, les choses resteraient en suspens ; il serait un étranger, un postulant à la succession et non pas un successeur. Tel était le projet de M. Caillaux et, d'après certains indices, il ne paraît pas certain que M. Cochery y ait complètement renoncé. M. Caillaux parlait aussi, sans encore le proposer, de l'inventaire obligatoire après décès. Certains projets d'initiative parlementaire, pour lesquels le gouvernement témoignait tout au moins de l'indulgence, sinon de la faveur, comme le projet Dumont, proposent des substitutions d'héritiers, au cas où un parent plus éloigné dénoncerait des fraudes en matière de droits successoraux commises par le parent le plus proche.

Un système de taxation qui suscite de pareils projets est manifestement condamné par la morale. Il l'est aussi par la politique, étant une excitation perpétuelle à la haine entre citoyens. On se flatte qu'il ne frappera lourdement que des catégories peu nombreuses de contribuables ; mais graduellement, on l'étendra à d'autres qui, aujourd'hui, s'en croient à l'abri. Dès que l'on aura fait inscrire dans la loi un taux élevé ou des mesures draconiennes pour les gros revenus ou les grosses fortunes, on sera en état d'en demander graduellement l'application d'abord aux moyens, puis aux petits revenus, aux moyennes, puis aux petites fortunes. Le découragement et sa compagne l'apathie gagneront toutes les couches sociales qui constituaient la plus grande partie du capital et qui fondaient les entreprises. Les répercussions, non pas à la première heure sans doute, mais peu à peu s'abattront sur tout l'ensemble du pays.

De nouvelles prétentions singulièrement redoutables viennent de se faire jour dans le discours qu'a prononcé M. Cochery à la Chambre des députés le 18 novembre dernier. Il a d'abord déclaré qu'il était très regrettable que l'impôt sur le revenu n'existât pas, parce que toute difficulté financière serait supprimée, les Chambres n'ayant alors qu'à élever au niveau des besoins le taux de l'impôt. Voilà une déclaration réconfortante pour les malheureux contribuables assujettis à l'impôt complémentaire : ce sont eux qui pourvoiront, sans relâche, aux caprices et aux fantaisies du gouvernement et du Parlement. Le discours de M. Cochery contient, en outre, deux révélations saisissantes : le ministre s'est montré partisan du monopole de l'alcool et du monopole des assurances, non sans laisser entendre que d'autres monopoles pourraient suivre. Ainsi, l'Etat qui ne sait pas maintenir l'ordre dans ses arsenaux, ni tenir en main son personnel des postes, qui laisse dans le honteux désarroi que l'on sait l'industrie des téléphones qu'il a monopolisée, se prépare à accaparer encore d'autres industries. Ce serait une occasion, non seulement de nouvelles perceptions fiscales, niais de nouvelles fournées de fonctionnaires. L'Etat monopoliserait les assurances : quelles garanties aurait l'assuré quand il faudrait régler un sinistre ? L'Etat serait large pour les « bons électeurs, » il serait très dur pour les mauvais « électeurs. » Il introduirait aussi dans ce service la progression. La seule ressource qui resterait aux gens sérieux, ce serait de s'assurer le moins possible. Mais l'Etat prétendrait fixer, sans doute, le montant de l'assurance de chacun. Les objections se pressent nombreuses aussi contre le monopole d'État de l'alcool.

Voilà, cependant, les mesures qu'annonce pour demain M.

Paul Leroy-Beaulieu

Cochery. Son discours fait regretter M. Caillaux. Dieu nous garde des ministres anciens modérés ! Un ministre d'origine radicale ou socialiste aurait moins d'empressement à formuler des projets de ce genre.

Il est encore temps de s'arrêter dans l'établissement de cette taxation révolutionnaire. Il faut renoncer nettement et définitivement à toute fiscalité de lutte de classes, à l'impôt complémentaire ici, à la *supertax* de l'autre côté de la Manche. Il faut écarter tout impôt progressif, le *virus* de la progressivité ne pouvant être contenu, une fois introduit dans le corps social. Il faut repousser toute constitution de monopole. Il faut enfin revenir, en les améliorant dans leur forme, en les tenant toujours au courant des faits nouveaux, mais sans en changer le caractère, aux impôts généraux, uniformes, portant sur l'ensemble des citoyens, et non sur quelques catégories spéciales, impôts essentiellement réels, en recourant, là où la complexité des conditions l'exige, à des signes extérieurs bien choisis, plutôt qu'à l'inquisition et aux primes à la dénonciation. On doit aussi refréner l'étatisme, dont le développement a été la cause principale de cette fiscalité révolutionnaire. C'est à ce prix seulement qu'on pourra jouir de la paix sociale, de bonnes finances à rendements certains et croissants, d'une situation économique prospère et progressive.

ISBN : 978-1539974239